Au bon sens du Public.

RÉPONSE

à M. Violle.

Après un silence de dix-sept jours , M. Violle vient de se confesser l'auteur des observations anonymes que j'avais cru pouvoir attribuer à trois plumes différentes (1).

J'en suis fâché pour lui par trois motifs : d'abord , parce que je ne pense pas qu'elles puissent rien ajouter à la réputation de cet ancien avocat ;

En second lieu , parce qu'elles lui ont attiré la réponse bien sévère de M. Salarnier , et que M. Violle lui-même a cru se reconnaître dans le portrait que j'avais tracé non de lui , mais de nos comédiens de quinze ans en général ;

Et enfin , parce que lui , *mon ancien au barreau* , qui s'honore d'avoir été connu , apprécié , estimé par mon vénérable aïeul , et *avant que je fusse au monde* ; lui qui m'accuse *d'avoir vomi à grands flots l'injure, la diffamation, le mensonge et la calomnie ; de m'être vautré dans la fange , d'avoir jeté mon gant dans l'ordure* , etc. , a le triste courage de relever ce gage de bataille souillé de *boue* , et

---

(1) On m'avait assuré qu'une personne sur le goût et l'esprit de laquelle je pouvais compter , avait , dans une première lecture , cru reconnaître dans les observations anonymes , le raisonnement dur et hautain de M. G.... , la prétention à l'esprit de M. B..... , et la méchanceté de M. Violle. Il paraît qu'elle s'était trompée.... ; mais il n'en est pas moins vrai , que lorsque j'écrivais , le nom de l'auteur véritable était un secret pour moi , sinon pour tout le monde.

d'accepter un combat dans lequel il ne peut que partager *ma souillure.*

Ce courage, j'en conviens, je ne l'aurai pas moi ; je ne suis encore qu'un *jeune homme*, je ne date que d'hier, et ma réputation n'est pas aussi solidement établie que celle de M. Violle ; mais je me souviendrai de la belle maxime que je lui ai souvent entendu répéter au palais : *la vie privée d'un citoyen devrait être murée.* Je n'ai pas oublié la distinction importante dont s'étaya M. Guitard en 1830, lorsqu'il se crut en droit de révéler au public un propos qu'il prétendait lui avoir été tenu, dans l'épanchement d'un tête-à-tête et l'abandon de la confiance, par un homme dont le caractère honorable est aujourd'hui apprécié, et qu'au mois d'octobre dernier, M. Guitard s'est chargé de venger lui-même.

Dans cet écrit comme dans ce qu'il plaît à M. Violle d'appeler *mon grand œuvre* je saurai distinguer l'homme privé, de l'homme public et politique.

Et quoique peut-être il me fut permis de m'affranchir de la règle ordinaire, puisqu'on n'a pas rougi, soit en vers, soit en prose, de descendre dans le sanctuaire de ma conscience, d'y scruter mes pensées les plus intimes, d'imputer les secrets épanchemens de mon cœur avec mon Dieu, non à une foi sincère, à une conviction véritable ; mais à un calcul intéressé, à de honteuses passions......,.

Oh! non, non ; je n'abuserai pas de la belle position où l'on m'a placé, de la belle part que l'on m'a faite.... Je ne forcerai pas mes amis à rougir de moi ; ne craignez rien, M. Violle......, je ne désire qu'une chose ; que votre front se colore en dépit de vous-même !......

Ne vous battez pas les flancs, pour chercher en quoi votre écrit avait nécessité une réponse de ma part ; vous ne m'aviez pas offensé, je le reconnais ; je dirai plus : vous ne pouvez le faire !... Depuis dix ans que je vis au milieu de mes concitoyens, citez une de mes actions, une de mes paroles, dont je doive rougir : alors peut-être, vous m'offenserez ; mais si dans cet intervalle, vous ne pouvez découvrir un seul fait déshonorant pour moi, dégradant pour mon caractère, ne croyez pas que vos sarcasmes sur *ma dévotion*, mon caractère *benin*, ma vie *douce et tranquille ; le ton patelin qu'on me connaît* puissent me faire sortir de la décence et de la modération qui sont l'apanage de l'honnête homme.

Relisez la page 14 de vos observations, vous y verrez que vous-même reconnaissez dans le paragraphe de l'adresse par vous attribuée à deux légitimistes, sur le nom desquels il n'est pas facile de se tromper à Aurillac, le vœu du retour d'Henri V ; vous y verrez que vous opposez à ce vœu le serment naguère prêté par nous à Louis-Philippe, et vous concevrez alors pourquoi j'ai répondu ; pourquoi en répondant, non à vous je vous le prouverai, mais à un écrit que j'ai regardé comme un manifeste du *juste-milieu* contre les deux oppositions, qu'il s'obstine à vouloir réunir dans une fusion contre nature, j'ai déclaré, en commençant : *que je saisissais volontiers l'occasion de m'expliquer franchement.*

Vous concevrez alors que mon écrit n'est autre que la réponse d'un légitimiste, pour lui et ceux de son opinion qui n'ont pas cru devoir refuser le serment, à une accusation de parjure dirigée contre eux, non par vous, M. Violle, mais par les gens du *milieu*, de tout tems si prodigues de sermens.

Appliquons cette explication à l'article qui excite tant votre colère.

Après avoir exposé en peu de mots la position dans laquelle je me trouvais en 1814, je borne ce qu'il vous plaît appeler mes *lamentations* sur ma fortune perdue, à cette demi-ligne : *on ne m'a pas entendu me plaindre.*

C'est un fait, fait honorable, quoique vous en puissiez dire ; fait que peut-être vous auriez fait sonner bien haut, si comme vous je m'étais rangé sans scrupule sous l'étendard de la quasi-légitimité ; mais j'ajoute : *quinze ans de prospérité sans exemple* m'ont fait aimer la restauration, etc. ; et je ne dis tout cela que pour établir qu'aucune considération personnelle n'ayant influé sur mon op nion ; j'ai le droit d'en avoir une , et de le dire hautement.

Venant ensuite à mes adversaires en opinion , je dis :
« Mais vous qui avez rendu flétrissante la dénomination
» d'abord honorable *d'hommes du milieu.*

» Vous, qui pendant quinze ans , fîtes de l'opposi-
» tion , non par principes , vous n'en avez pas ; mais
» par le regret d'espérances trompées ou d'ambitions
» déçues ; vous , pour qui tous les moyens furent bons ,
» le mensonge , la calomnie , les protestations d'un dé-
» vouement hypocrite , les trames occultes ou publiques ;
» vous , qu'on a vus renier depuis , pour un vil intérêt,
» les principes que vous aviez proclamés quinze ans , vous
» n'avez pas le droit de vous plaindre de l'opposition légale
» que vos actes éprouvent aujourd'hui de toutes parts. »

Et vous avez cru ce passage dirigé contre vous ,
M. Violle ? sans faire attention que je parle au pluriel ;
que par conséquent je m'adresse à plusieurs ; sans re-
marquer que j'avais eu soin d'expliquer dans une note
que je ne m'adressais même pas aux honnêtes gens qui
sont de bonne foi dans le juste-milieu , parce qu'en effet
il en est parmi eux dont je respecte les convictions
sincères , qu'il en est à Aurillac que j'aime , que j'estime ,
et dont l'amitié et l'estime me sont précieuses.

Cette note ne vous aurait-elle pas assez expliqué que
c'était à l'opinion en général , non à vous , ni même à
quelques deux autres que je m'adressais ? Et bon Dieu ,
que ne lisiez-vous la première ligne ? vous conviendrez
que le nom du juste-milieu est passablement odieux dans
toute la France ; qu'il le serait même davantage , s'il
n'était excessivement ridicule. Ceci posé , et vous ne le
contesterez pas , comment avez-vous pu croire que vous ,
vous seul , M. Violle , et même si vous le voulez , les
deux autres personnes auxquelles j'avais fait allusion en
commençant , auriez pu rendre cette dénomination flétrissante ? Je vous répondrai comme vous : *vous êtes
un homme important , M. Violle !...* puisqu'à votre avis
votre conduite peut avoir une telle influence.

Le reste du paragraphe ne s'applique pas davantage à vous, M. Violle ; j'ignore si vous aviez fait de l'opposition pendant quinze ans. Comment en auriez-vous fait ? vous n'étiez ni éligible, ni électeur. Vous n'avez pas cru devoir accepter les places que l'on vous offrait, obligé que vous étiez de vous renfermer dans votre cabinet d'avocat ; par conséquent, vous n'avez pas été en position de faire une opposition ouverte. Auriez-vous publié des écrits ? je vous déclare, sur l'honneur que je l'ignore, que je ne les connais pas. Comme Barthe, le carbonaro, fesiez-vous partie d'une société secrète ? vous savez mieux que personne que je ne puis le savoir. Comment donc après cela avez-vous pu prendre pour vous une accusation dont aucun des chefs ne peut vous être appliqué ?

Oui, je le déclare, il n'y a qu'un mot, un seul mot dans mon écrit où vous ayez pu vous reconnaître ; *ce n'est pas moi*, avais-je dit, *qui changerai de parti trois fois en trois mois* ; et justement c'est celui que vous dissimulez ; car dans l'histoire de votre vie politique, vous ne faites qu'un saut de 1814 à 1830.

Mais ce reproche que je vous adressais indirectement, sans vous désigner, ce reproche que d'autres peuvent aussi se faire, appartient à votre vie publique et politique ; et j'avais le droit de vous l'adresser, moi, que vous aviez désigné, et que vous accusiez indirectement de parjure ; et c'est pour ce seul grief, que vous, *mon confrère*, *mon ancien au barreau* ; vous, qui *vous honorez de l'amitié de mon vénérable aïeul*, qui, à coup sûr, je me plais à le croire, fesait de vous tout le cas que vous méritez ; c'est, dis-je, pour ce misérable grief, que vous me donnez à moi *jeune homme*, une leçon si exquise *de la décence et de la modération que l'on doit toujours conserver devant le public au bon sens duquel vous vous adressez* !

Ah ! je l'en fais juge, ou plutôt, M. Violle, je vous en fais juge vous-même, oui, vous-même ; dites-moi, la main sur la conscience : de quel côté sont *les flots d'injure*, *de diffamation*, *de mensonge*, *de calomnie* ?

Vous vous y connaissez, M. Violle; parlez hardiment:
qui de nous deux s'est vautré dans *la fange*, *l'ordure*,
la souillure, tous termes d'une délicatesse, d'une grâce
charmante, qui font de votre écrit une œuvre originale,
naturelle, pittoresque? dites, qui de nous devra se
purifier de la *boue* dont il s'est couvert? j'ajouterai seulement une réflexion : il est de la *boue* dont on peut se
laver; celle qui est jetée par M. Violle, par exemple.
Les avocats, les avoués et les juges le savent fort bien;
mais celle qu'on jette sur M. Violle, est quelquefois
ineffaçable; certain Arrêt qu'il connaît bien, le prouve
assez.

Parlons maintenant sans ironie; si vous êtes de bonne
foi, vous conviendrez que je ne vous ai point attaqué
personnellement; que je ne vous ai pas donné le droit
de me parler comme vous l'avez fait, et je vous prie
de croire que si j'ai voulu vous désabuser, c'est moins
pour vous que pour moi que je l'ai fait; venons au seul
de vos reproches auquel je sois sensible.

Vous m'accusez d'avoir jésuitiquement interprêté l'obli-
gation qui résulte de mon serment, lorsque j'ai dit : qu'il
ne m'engageait qu'à deux choses; *soumission au gouvernement établi, obéissance aux lois en vigueur.*

Mais avant de discuter avec vous cette définition, vous
me permettrez de repousser une imputation pour le moins
aussi jésuitique, de laquelle vous voudriez induire que
moi *aussi* j'ai joué la comédie.

Vous dites que j'ai refusé de prêter serment comme
adjoint municipal, et qu'ensuite, *sans doute en vertu de
quelque autorisation secrète*, je l'ai prêté comme membre
de l'hospice.

Si j'étais aussi ancien que vous au barreau, M. Violle,
je vous dirais, comme vous le faites à M. Salarnier, que
vous *mentez*; mais je ne suis pas encore assez avancé
dans ma carrière d'avocat, pour me permettre ces gen-
tillesses, je me borne à vous dire que vous vous trompez.

Si vous aviez rappelé vos souvenirs, ou du moins consulté soit M. le Préfet, soit M. le Maire, ils vous auraient

dit que, le 1ᵉʳ ou le 2 août, jour auquel M. de Panat reçut la nouvelle que Charles X avait été rejoint par sa garde à Saint-Cloud, que le drapeau tricolore avait été arboré à Paris, etc., il plût à la garde nationale, dont j'avais moi-même sollicité l'organisation, de prendre de son chef le drapeau tricolore ; que pour éviter un plus grand mal, il fut convenu, dans le cabinet de M. de Panat, que M. le maire et ses adjoints le lui donneraient, sans costume, sur la porte de la Maison-commune ; que m'y étant rendu à l'heure indiquée, je consentis d'abord, pour ne pas me séparer de mes collégues dans ce moment de trouble, à prendre mon costume comme eux, puis à les accompagner sur le Gravier, où, par une détermination nouvelle, la céremonie se devait faire ; que je voulais y aller en cocarde blanche, que je me déterminai à l'ôter sur les observations du maire, et qu'enfin le voyant lui en cocarde tricolore, je me dépouillai de mon habit, le fis emporter chez moi, et déclarai ne plus faire partie du corps municipal.

Mais tout cela se passait lorsque Charles X était encore à Saint-Cloud, lorsqu'il n'y avait pas de gouvernement de fait à opposer à celui de droit ; et si je ne donnai pas ma démission de suite par écrit, M. Violle peut savoir qu'il y avait alors à Aurillac des personnes exaltées, turbulentes, ambitieuses peut-être, qui se croyaient en droit de créer elles-mêmes une administration départementale ; et que M. le maire me pria d'attendre qu'il y eût un préfet qui pût me remplacer, et empêcher ces personnes de vouloir aussi elles-mêmes nommer un adjoint. Je promis ; j'ai tenu ma parole. M. Guitard, en entrant à la préfecture, y trouva une lettre dont je regrette de ne pas avoir la copie, mais qui contient les motifs de mon retard tels que je viens de les exprimer.

Ainsi, je n'ai pas refusé de serment ; il n'y avait encore personne qui le pût recevoir, il ne pouvait être exigé ; je n'étais pas dégagé de mon serment antérieur, j'occupais une place de faveur et de confiance sous un gouvernement dont les principes étaient les miens, j'ai dû

la quitter quand ce gouvernement a cessé d'être de fait. Je n'en accepterais jamais aucune sous un autre gouvernement dont les principes ne seraient pas les miens ; mais j'ai pû et dû accepter un mandat donné par mes concitoyens, que je ne tiens que d'eux, parce qu'en tout tems ils peuvent compter sur mon affection et mon dévouement.

Venons maintenant à la doctrine du serment : ce fut dans les premiers tems l'objet d'une longue polémique entre les journaux royalistes, que de savoir si on prêterait ou non serment à la monarchie nouvelle, ou, si vous l'aimez mieux, *à la meilleure des républiques.*

La Quotidienne, à laquelle je suis abonné, et dont je partage les opinions, sans blâmer ceux qui s'y soumettaient, voulait que les légitimistes se tinssent entièrement à l'écart.

La Gazette de France, que je ne lis pas, quoiqu'en puisse penser M. Violle, leur conseillait de continuer la lutte dans toutes les parties de l'administration.

Je ne partage pas les idées de la Gazette ; le système de la Quotidienne me paraissait, appliqué dans toute sa rigueur, équivaloir à une émigration nouvelle : j'étudiai donc les débats législatifs. Je lus dans le Moniteur du 11 août, que M. le duc de Fitz-James, appelé à prêter serment, termina son discours en ces termes :

« Oui, jusqu'au dernier souffle de ma vie, tant qu'une » goutte de sang fera battre mon cœur ; jusques sur l'é- » chafaud, si jamais je dois y porter ma tête, je con- » fesserai à haute voix mon amour et mon respect pour » mon vieux maître. Je dirai qu'il ne méritait pas son » sort, et que les Français qui ne l'ont jamais connu, » ont été injustes envers lui ; mais, en ce moment, moi- » même je ne suis que Français, et, dans la crise où il » se trouve, je me dois tout entier à mon pays.

» Cette grande considération du salut de la France est » sans doute la seule qui ait pu porter tant d'esprits sages » à promulguer, avec une telle précipitation, les actes » qui, depuis six jours, ont décidé des destins de la » France.

» Tout était consommé , et vous avez l'anarchie prête
» à nous ressaisir et à nous dévorer.

» De tels motifs ne pouvaient me trouver sourd à leur
» influence. C'est à eux seuls que je sacrifie tous les sen-
» timens qui , depuis cinquante ans , m'attachaient à la
» vie. Ce sont eux qui , agissant sur moi avec une force
» irrésistible , m'ouvrent la bouche pour prononcer le
» serment qu'on exige de moi. » (*Mouvement très-vif d'ad-
hesion.*) (1).

Passons à la chambre des Députés , même feuille , on
fait l'appel nominal.

M. Becquey : « Tout le monde connaît mon fidèle dé-
» vouement à la légitimité ; je fais donc en ce moment
» le plus grand sacrifice que je puisse faire aux intérêts
» et au repos de mon pays. Je le jure. »

M. de Berbis : « Dans les dernières séances de la chambre,
» j'ai cru dans mon ame et conscience ne pouvoir pas
» prendre part à la déclaration de vacance du Trône,
» et à la déclaration qui en a été la conséquence ; mais
» dans la circonstance actuelle , vu les nécessités du
» moment, je prends pour devise : *salus populi suprema*
» *lex esto.* Aussi, dans l'intérêt de la France, par ce seul
» motif et sans aucune restriction, je n'hésite pas à prêter
» serment. »

M. Bérenger ; « Mu par les mêmes sentimens que M. de
» Berbis , conduit par les mêmes motifs , je n'hésite pas ,
» etc. »

M. Berryer : « La force ne détruit pas le droit ; la lé-
» gitimité du pouvoir est un droit plus précieux pour
» les peuples que pour les races royales ; mais quand la
» force domine dans un état, les particuliers ne peuvent
» que se soumettre , et les gens de bien doivent encore
» à la société le tribut de leurs efforts pour détourner
» de plus grands maux.

» Dans cette seule pensée, je crois de mon devoir de
» rester uni aux hommes honorables en qui je reconnais

(1) Moniteur du 11 août 1830.

» des intentions salutaires à mon pays, et je me soumets
» à prêter le serment qu'on exige de nous. »

M. de Brigode : « Je suis prêt à faire mon serment
» par les motifs qu'ont exprimé plusieurs de mes collégues ;
» toutes fois, j'aurais désiré auparavant obtenir une ex-
» plication sur deux mots dont je ne comprends pas bien
» la signification. Qu'entends-on par *fidélité*? et que veut
» dire *obéissance*? L'obéissance signifie-t-elle quelque chose
» de plus que la fidélité. (Rumeurs au centre).

» Si personne ne peut établir la distinction que je de-
» mande, je dois présumer que dans l'esprit de tout le
» monde les deux mots signifient exactement la même
» chose ; et pour lors, sans me demander pourquoi l'on
» applique l'un au Roi, l'autre à la Charte constitution-
» nelle, dans l'intention d'être également fidèle à l'un et
» à l'autre ; je le jure. »

Je fais grâce au lecteur de plus longues citations ; mais
si M. Violle avait lu, avait réfléchi pendant les dix-sept
jours qui se sont écoulés entre mon écrit et sa réponse,
il aurait compris que les deux chambres, en permettant
à tous les membres connus par leur attachement à l'an-
cienne dynastie, de motiver, comme ils l'ont fait, leur
serment au nouvel ordre de chose, n'ont pas entendu
proscrire la reconnaissance pour d'anciens bienfaits, les
regrets même d'une ère de bonheur, de prospérité, de
gloire plus véritables, comme une dérogation au serment
nouveau, comme une sorte de parjure.

En voyant que la chambre des députés elle-même n'avait
pu donner à M. de Brigode la définition de la *fidélité* et
de l'*obéissance*, peut-être ne m'aurait-il pas fait une mauvaise chicane de mots sur la *fidélité* et la *soumission*.

En voyant des hommes dont la loyauté est admirée
par tous les partis , déclarer que *tout étant consommé ;*
la nécessité, les besoins du pays, la crainte de l'anarchie,
leur font une loi de se *soumettre* , il ne me demanderait
pas quelle différence je fais entre la fidélité telle qu'on
l'entendait autrefois , et la soumission qu'on est en droit
d'exiger aujourd'hui.

S'il s'était rappelé que dans la même séance, M. de Corcelles prêta serment en ces termes : « Convaincu que » le consentement de la nation française est indispensable » à toutes nos opérations ; je fais des vœux pour qu'il » soit manifesté dans le plus court délai. »

Que M. Dupin mettait en principe, que le serment du Roi et du dernier des citoyens les liaient l'un à l'autre par un contrat synallagmatique ; que la violation du serment de l'un entraînait la nullité de celui de l'autre, il aurait conçu la différence d'une charte octroyée à une imposée, et par suite la différence des deux sermens.

S'il s'était souvenu que je m'interdisais à moi-même toute conspiration, toute comédie, il se serait épargné des plaisanteries de mauvais goût, moins applicables à moi qu'à tout autre, plus déplacées dans sa bouche que dans celle de tout autre (1).

Certes, je ne désire pas souffrir *le martyre* pour mon opinion ; cependant, si la chose était nécessaire, je montrerais peut-être plus de constance pour celle que je professe, qu'il ne se sentirait de force pour soutenir celle qu'il a embrassée : la raison en est simple ; ce n'est pas moi qui le dit, c'est M. Guizot, le héros des doctrinaires, qui a publiquement prononcé à la tribune ce fatal arrêt :

---

(1) Enfin, si j'ai prêté serment comme Administrateur de l'hospice, et depuis comme Electeur et comme Conseiller municipal, c'est que le Moniteur lui-même, dans un article spécial sur le serment, le définit ainsi : 10 août.

« Qu'est-ce que le serment ? c'est l'engagement pour le fonctionnaire de » consacrer au bien du pays, l'autorité dout il est revêtu. Le principe de » tout serment est donc le bien public ; si on le prête au Souverain, c'est » que le Souverain représente tous les intérêts, tous les droits de la Nation. »

Et maintenant, je le demande, où est la contradiction ? serait-ce en ce que je ne veux pas les conséquences de la Révolution de juillet ? et bon Dieu, la première de ces conséquences est la souveraineté du peuple ; conséquence terrible que le milieu ne voudrait pas plus que moi ; car avec ce principe, ce qui a été fait en 1830 pourra se refaire quand le peuple voudra ; et si les émeutiers des 5 et 6 juin avaient été les plus forts, leur Charte de 1832 aurait aussi légitimement remplacé celle de 1830, que celle de 1830 a chassé celle de 1814. Oui, je le déclare, je ne veux pas de cette conséquence, mais c'est pour rester fidèle à mes principes.

« Nous avons des convictions molles et faibles , ou
» plutôt nous n'avons pas de convictions, et nous sommes
» en présence de deux opinions à convictions fortes et
» vives ! »

Certes , il faut bien en croire le chef avoué , le créateur
du juste-milieu , ils n'ont pas de convictions ; et comment
en auraient-ils ? Presque tous ont été ou légitimistes , ou
républicains , ou l'un et l'autre ; ils ont changé de principes , comme si les principes les plus sacramentels de
la politique pouvaient changer au gré de certaines con-
sciences *elastiques*, comme disait M. Violle. Et ils s'é-
tonnent qu'après leur changement il y ait encore des légitimistes et des républicains !

Mais que répondre aux premiers , par exemple, lorsqu'ils vous disent le principe de l'hérédité de mâle en
mâle , tel qu'il était sanctionné par l'antique loi des Sa-
liens , *gravé*, dit Jérôme Bignon, *non sur le marbre ou
sur l'airain, mais dans le cœur de tous les Français*, est
un principe indispensable dans toute monarchie.

Avec lui, la Pologne , dont la chûte accuse votre lâche
impéritie , serait encore debout, fière et libre. Vous l'avez
si bien reconnu , que vous l'avez écrit dans votre charte
de 1830 ; vous avez fait plus , vous avez voulu renouer
une chaîne rompue ; vous avez repoussé avec indignation
cette phrase du National : *Louis-Philippe a été choisi,
quoique Bourbon*. Vous avez soutenu qu'il l'avait été ,
parce qu'il était Bourbon ; vous avez proclamé , en son
nom et pour lui, un système nouveau de *quasi-légitimité;*
vous avez nié qu'il y eut eu *révolution;* vous avez voulu
continuer la *restauration*, soit au-dedans, soit au-dehors,
même avec les traités de 1815 ; et pourquoi alors proscrire le nom, s'il vous faut la chose ; avez-vous consulté
la France ? Voici ce qu'elle voulait en 1820 :

« Elle veut la légitimité, non pas celle dont on fait
» une espèce de dogme, dans lequel on comprend beaucoup
» de choses qui furent autrefois, qui ne sont plus au-
» jourd'hui, et qui ont cessé d'être pour toujours : mais
» la véritable légitimité, c'est-à-dire, l'hérédité au trône

» *dans la famille régnante*, selon l'ordre de succession
» observé jusqu'à ce jour ; et la nation le veut non-
» seulement par vénération et attachement pour la famille
» éminemment française, qui a si long-tems et si glorieu-
» sement régné sur elle ; mais encore dans l'intérêt gé-
» néral du pays et de la stabilité de ses institutions. »
(Mouvement général d'adhésion, voix au centre, très-bien).

Ces paroles remarquables sont extraites, mot pour mot,
d'un Discours de M. Guitard, aujourd'hui préfet du Cantal,
alors député de l'opposition ; discours imprimé à Aurillac,
par les soins de plusieurs éligibles, électeurs et citoyens
de la ville d'Aurillac.

Voilà ce que proclamait le seul député de l'opposition
que notre ville, je crois, ait envoyé à la chambre pendant les quinze ans de la restauration ; il disait peut-être
plus encore :

» Fasse le ciel que le trône ne soit jamais en danger ;
» mais si cela arrive, le trône connaîtra ceux qui l'auront
» prédit et ceux qui l'auront voulu, il connaîtra alors
» quels étaient ses vrais amis. »

Voici comme se terminait ce discours :

» Non, Messieurs, tant que l'accès de cette tribune
» sera libre ; tant qu'il existera un Français pour y parler,
» des Français dans cette enceinte pour l'entendre, *un*
» *Bourbon* sur le trône pour le juger, jamais je ne dé-
» sespérerai du salut de ma patrie. »

Et l'on voudrait aujourd'hui persuader aux habitans
d'Aurillac que des principes qui ont été ceux de tous
leurs députés, sont des principes dangereux ! Qu'ils doivent se méfier de ceux qui y sont demeurés fidèles, qu'ils
sont en exécration à ceux qui les ont professés pendant
la plus grande partie de leur vie ! Qu'un changement si
prompt ne révèle pas , comme le disait M. Guizot, un
défaut de conviction ! non, la chose est impossible.

Habitans d'Aurillac, croyez ceux qui ne changent pas,
ceux qui, fidèles dans la prospérité, le sont plus encore
dans le malheur ; on peut, par des phrases ambitieuses,
du patriotisme à la toise, tromper un moment le bon

sens public, mais le masque tombe bientôt sous quelque
genre d'hypocrisie que l'on se cache ; il est difficile d'être
toujours sur ses gardes et de ne pas se laisser quelque
fois surprendre ; c'est en cela surtout que la liberté de
la presse rend de véritables services ; elle peut médire
souvent, calomnier quelque fois, il en résulte un mal
sans doute ; mais la défense est permise, et le public est
alors comme un grand jury, dont les arrêts sont en
dernier ressort.

M. Violle a fait un appel à son bon sens, et j'en fais
un à sa justice,

Le Bon Delzous.

Ce 12 Juillet 1832.

NOTE.

Mon ancien au barreau se connaît mieux que moi en droit
politique et en urbanité, il m'en a donné une leçon, et en
retour je veux lui en donner une autre *de littérature*, point sur
lequel il n'est pas fort. Peut-être ne connaît-il bien que le
de viris illustribus dont il a fait une citation si plaisante ; mais
à coup sûr il ne connaît du *Tartuffe* de Molière que le nom
et l'usage qu'on en peut faire pour décrier un antagoniste sur
lequel il n'y a plus rien à dire. Ce qui le prouve c'est qu'il
attribue à ce chef-d'œuvre de Molière, ce vers du Lutrin de
Boileau.

> Tant de fiel entre-t-il dans l'âme des dévôts!

C'est citer à propos comme on voit. Voici du plus fort :
mon écrit se terminait par deux vers qu'il s'est desuite appliqué ; et voilà M* Violle pour qui sans doute Molière est le
seul auteur comique, cherchant ces vers dans le Misantrope ;
comme je pense qu'il ne les y a pas trouvés, je vais le mettre
sur la trace.

Ils sont tirés du *Méchant* de Gresset, acte **V**, scène **IV**, et
précédés de ceux-ci :

FLORISE.

« Mais songez qu'il peut nuire à toute ma famille,

» Qu'il va tenir sur moi, sur Géronte et ma fille
» Les plus affreux discours.......

ARISTE.

Qu'il parle mal ou bien
» Il est déshonoré, ses discours ne sont rien.
» Il vient de couronner l'histoire de sa vie ;
» Je vais mettre le comble à son ignominie
» En écrivant partout les détails odieux
» De la division qu'il semait en ces lieux.
» Autant qu'il faut de soins, d'égards et de prudence
» Pour ne point accuser l'honneur et l'innocence,
» Autant il faut d'ardeur, d'inflexibilité
» Pour déférer un traître à la société ;
» Et l'intérêt commun veut qu'on se réunisse
» Pour flétrir un méchant, pour en faire justice.
» J'instruirai l'univers de sa mauvaise foi ;
» Sans me cacher je veux qu'il sache que c'est moi :
» Un rapport clandestin n'est point d'un honnête homme ;
» Quand j'accuse quelqu'un, je le dois et me nomme. »

Aurillac, de l'Imprimerie de PICUT, Imprimeur-Libraire.